Die schönsten Zitate
von Antoine de Saint-Exupéry

Kopf hoch!

arsEdition

Nur das Unbekannte ängstigt den Menschen. Sobald man ihm die Stirn bietet, ist es schon kein Unbekanntes mehr, besonders wenn man es mit hellsichtigem Ernst beobachtet.

WIND, SAND UND STERNE

Ich möchte einen
Sonnenuntergang sehen ...
Machen Sie mir die Freude ...
Befehlen Sie der Sonne
unterzugehen ...
Du weißt doch, wenn man
recht traurig ist, liebt man
die Sonnenuntergänge ...

DER KLEINE PRINZ

Erkennen heißt nicht zerlegen,
auch nicht erklären.
Es heißt, Zugang zur Schau finden.
Aber um zu schauen,
muss man erst teilnehmen.
Das ist eine harte Lehre.

FLUG NACH ARRAS

Wenn du das Wort Glück
  begreifen willst, musst du
es als Lohn und nicht als Ziel
  verstehen, denn sonst
hat es keine Bedeutung.

Die Stadt in der Wüste

Hier ist mein Geheimnis.
Es ist ganz einfach:
Man sieht nur mit
dem Herzen gut.

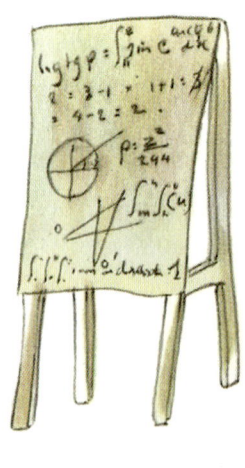

*Der Mensch trägt etwas in sich,
das größer ist als er selber.*

DIE STADT IN DER WÜSTE

Das, worauf es im Leben ankommt,
können wir nicht voraussehen.
Die schönste Freude
erlebt man immer da,
wo man sie am wenigsten erwartet.

Wind, Sand und Sterne

Jedes Herzklopfen, jedes Leid, jedes
    Verlangen, jede Schwermut am Abend,
jede Mahlzeit, jede Mühe bei der Arbeit,
    jedes **Lächeln**, jede Müdigkeit
im Laufe des Tages, jedes Erwachen,
jedes Wohlbehagen beim Einschlafen –
sie alle erhalten ihren Sinn durch den Gott,
    der durch sie hindurch zu lesen ist.

DIE STADT IN DER WÜSTE

Wir sind alle Schicksalsgefährten, vom gleichen Stern durch den Raum getragen.

WIND, SAND UND STERNE

Was anderen gelungen ist, wirst du auch bewältigen!

WIND, SAND UND STERNE

Ich werde eine Hymne
auf die Stille schreiben.
… Stille, die dich bei der Entfaltung
deiner Gedanken behütet …
Stille der Gedanken, die ihre Flügel
breiten, denn es ist schlecht,
wenn du in deinem Geiste oder
deinem Herzen unruhig bist.

DIE STADT IN DER WÜSTE

Versuche, glücklich zu sein ...

Der Kleine Prinz

Ein Lächeln ist oft das Wesentliche. Man wird mit einem Lächeln bezahlt.

Man wird mit einem Lächeln ⭐ belohnt.
Man wird ⭐ durch ein Lächeln belebt.

BEKENNTNIS EINER FREUNDSCHAFT

Nichts, was einem
selbst geschieht,
ist unerträglich.
Ich glaube nur halb
an die Wirklichkeit
des Leidens.

WIND, SAND UND STERNE

Ich habe mich verloren gegeben,
ich glaubte, in einen Abgrund
der Verzweiflung zu stürzen;
aber ich brauchte nur zu verzichten,
um Frieden zu finden. Der Mensch
muss wohl solche Stunden erleben,
um zu sich selbst zu finden und
sein eigener Freund zu werden.

Wind, Sand und Sterne

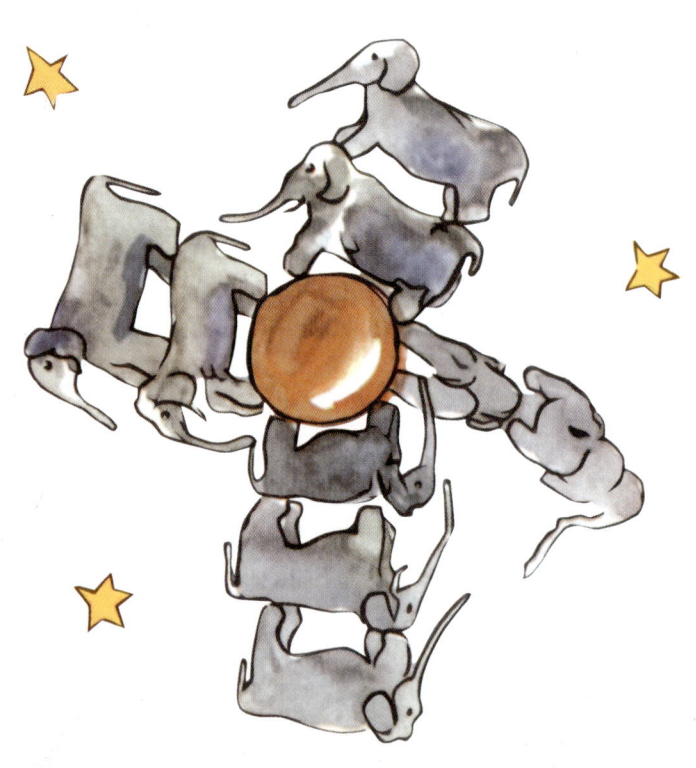

Nur eins rettet: ein Schritt —
und noch ein Schritt.
Immer wieder tut man
denselben Schritt.

WIND, SAND UND STERNE

Es ist wundersam,

wie man sich der Lage anpasst.

WIND, SAND UND STERNE

Unsere Bräuche, Konventionen und Gesetze, kurz, alle diese Dinge, deren Notwendigkeit du nicht recht fühlst und denen du dich entzogen hast, sie sind es, die dem Leben seinen Rahmen geben. Um bestehen zu können, brauchen wir um uns herum … dauerhafte, wirkliche Dinge.

SÜDKURIER

Du wirst nicht den Frieden finden,
wenn du nichts verwandelst,
 wie es dir gemäß ist.
Wenn du nicht zu Gefährt,
 Weg und Beförderung wirst.

> DIE STADT IN DER WÜSTE

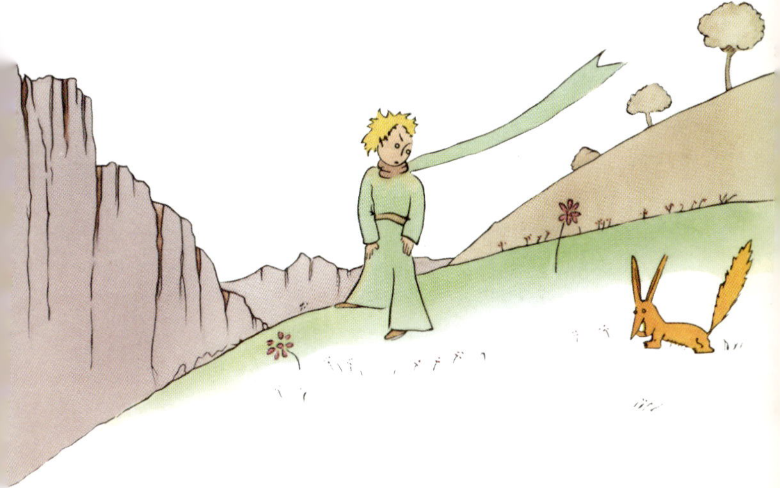

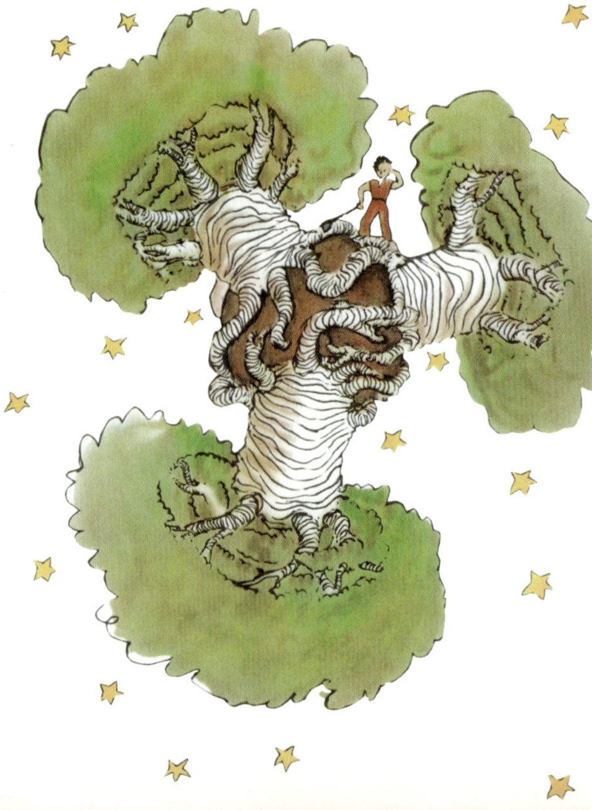

Und je mehr ich wachse,
so wie ein Baum wächst,
umso mehr gewinne ich an Tiefe.

DIE STADT IN DER WÜSTE

… wichtig allein ist die Weite der Seele –
der Seele mit ihren Wettern, ihren
Bergen, ihren Einöden des Schweigens,
ihren Schneeschmelzen, ihren
Blumenhängen, ihren schlafenden Wassern:
All das ist eine unsichtbare
und erhabene Bürgschaft.
Und auf ihr beruht dein Glück und
du kannst dich nicht mehr davon trennen.

Die Stadt in der Wüste

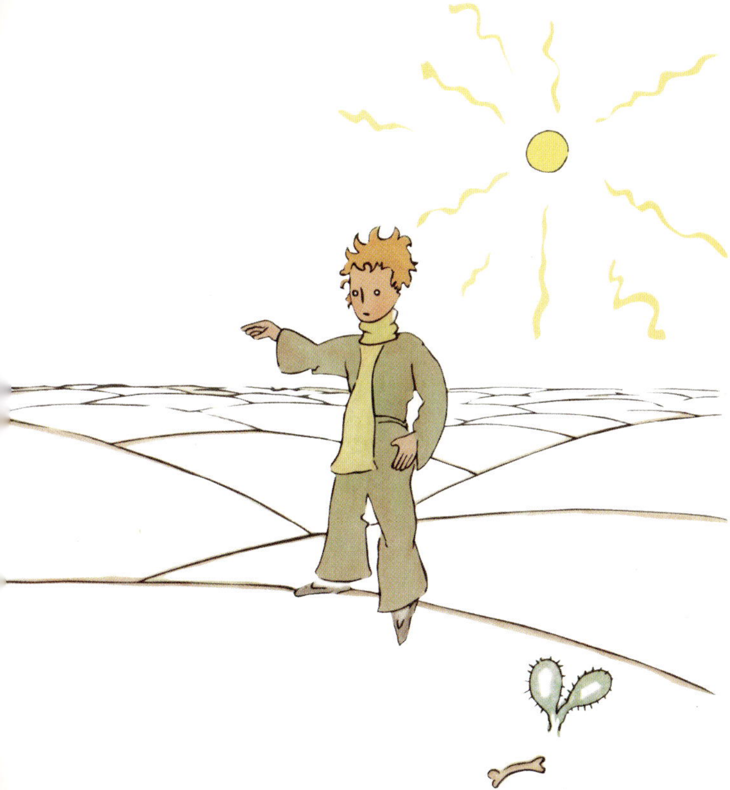

Mein Stern wird für dich einer der Sterne sein.

Dann wirst du alle Sterne gern anschauen ...

Alle werden sie deine *Freunde* sein.
Du, du wirst Sterne haben, wie sie niemand hat ...

DER KLEINE PRINZ

Das Leben ist weder einfach
                noch verzwickt,
weder klar noch dunkel,
        weder widerspruchsvoll
noch zusammenhängend.
Das Leben ist.

DIE STADT IN DER WÜSTE

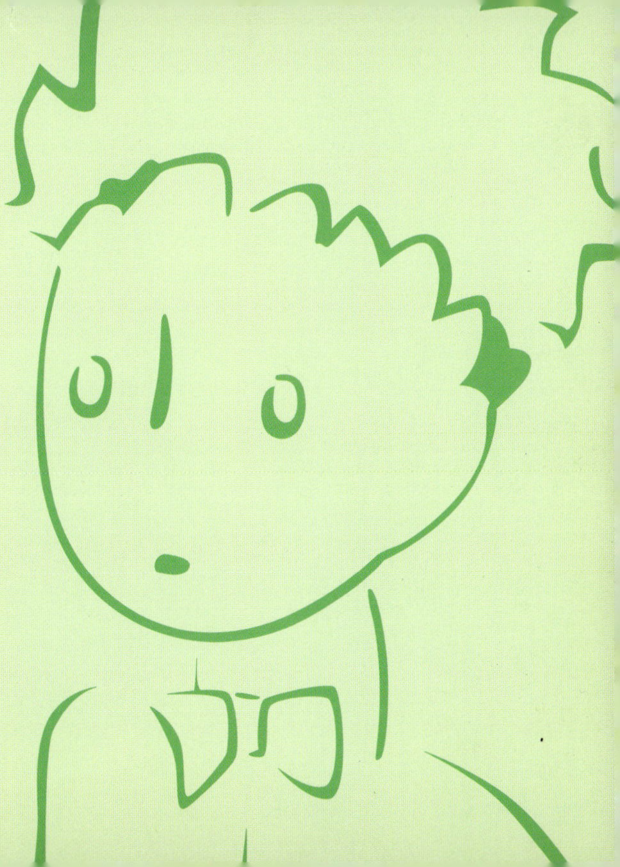

Der Kleine Prinz – Le Petit Prince ™ © Antoine de Saint-Exupéry Estate 2011
Licensed by SOGEX through Euro Lizenzen, München
Die Auswahl der Texte aus »Der Kleine Prinz« erfolgte mit freundlicher Genehmigung
des Karl Rauch Verlags, Düsseldorf © 1950 und 2008

Weitere zitierte Werke:
Wind, Sand und Sterne
© 1939 und 2010 Karl Rauch
Verlag, Düsseldorf
Die Stadt in der Wüste
© 1956 und 2009 Karl Rauch
Verlag, Düsseldorf
Flug nach Arras © 1955 und
2008 Karl Rauch Verlag,
Düsseldorf
Bekenntnis einer Freundschaft
© 1955 und 2010 Karl Rauch
Verlag, Düsseldorf
Südkurier © 1956 und 2011
Karl Rauch Verlag, Düsseldorf

© 2012 arsEdition GmbH,
München
Alle Rechte vorbehalten
Layout: Eva Schindler, Ebersberg
Printed by Tien Wah Press
ISBN 978-3-7607-8635-3

www.arsedition.de